PARIS THÉATRAL

RECUEIL DE PIECES NOUVELLES

ET PANTOMIMES.

LE CHEVALIER DE CAYLUS,

Comédie-Vaudeville en 2 actes.

PAR M. E. BONDOIS.

PRIX : **60** CENTIMES.

PARIS.

DECHAUME, LIBRAIRE-ÉDITEUR, RUE CHARLOT, 57.

—

1853

LES CHEVALIERS DE GAVIUS

COLLECTION D'ÉTUDES HISTORIQUES

ET LITTÉRAIRES

LES CHEVALIERS DE GAVIUS

Tome 1 — Vaudeville en 2 actes

PAR M. E. GORDON

Prix : 50 centimes

PARIS

DESCHAUX, LIBRAIRE-ÉDITEUR, RUE CHARLOT, 24

1838

LE CHEVALIER DE CAYLUS

COMÉDIE-VAUDEVILLE EN DEUX ACTES,

PAR M. EUG. BONDOIS,

REPRÉSENTÉ LE 10 FÉVRIER 1853 SUR LE THÉATRE DES DÉLASSEMENTS COMIQUES.

PERSONNAGES.	ACTEURS.
LE CHEVALIER DE CAYLUS, jeune premier rôle.....................	MM. LINGÉ.
LE COMTE DE BURKEIM, troisième rôle.....................	RENAUD.
LE BARON DE TCHÉRICOFF, financier.........................	UTRÉ.
LADISLAS, officier de marine, jeune premier.......................	NEVERS.
PETERS, jeune comique...................................	DONATIEN.
YVANHOFF, ...	MARCHAL.
AMÉLIE, jeune premier rôle.	Mmes. MATHILDE.
CHRISTINE, ...	MÉRY.
MARINS RUSSES.	

La scène se passe à Saint-Pétersbourg, en 1705.

ACTE PREMIER.

Le théâtre représente une salle d'un aspect pauvre. — Porte au fond, conduisant par un escalier dans la taverne. — Du même côté une grande fenêtre par laquelle on aperçoit la Néwa, et les màts des navires en rade. — A droite une petite porte conduisant dans la rue. — A gauche la chambre de Christine. — Tables ; Escabeaux. — Une grande horloge.

SCENE PREMIÈRE.

PETERS, *seul, réfléchissant.*

A la tombée de la nuit, tu monteras ranger la chambre du premier et tu feras en sorte qu'elle soit présentable. J'attends aujourd'hui des gens très comme il faut. Pas un mot de ceci... même à ma fille. Des gens très comme il faut... c'est pas de ses pratiques, pour sûr... car il ne reçoit dans son cabaret que d'affreux marins de tous les pays, qui boivent, qui jurent, qui se battent, et qui, par dessus tout, se permettent de faire la cour et quelque fois même de prendre la taille de sa fille... Oh ! Dieu ! quand Christine sera ma femme, comme je leur interdirai.... Ma femme.... ma femme, je ne sais pas si elle le sera jamais... Le père Ivanhoff exige que j'apporte en me mariant une dot de huit cents roubles... et depuis deux ans que je suis ici, je n'ai pu en mettre que dix-sept de côté... Il faut trouver un moyen pour aller plus vite. Si je me faisais marin... Oh ! non, Christine ne m'aimerait plus. D'ailleurs son vieux ladre de père ne peut pas se passer de mes services. Qui est-ce qui ferait ses comptes ? qui est-ce qui tiendrait ses livres .. car c'est moi qui tiens ses livres... sur une ardoise, avec un morceau de blanc. Voyons, voyons, pressons-nous. On n'aurait qu'à arriver... Et pas un mot de ceci à ma fille... Il y a donc du mystère... Enfin ça ne me regarde pas... Là... je crois que je l'ai un peu rangée, la barraque du père Ivanhoff. Les étrangers comme il faut peuvent venir quand ils voudront.

SCÈNE II.

AMÉLIE et CHRISTINE *entrant par la porte dérobée.* PÉTERS.

CHRISTINE, *qui est entrée la première, pousse un cri en apercevant Péters.* Ah ! ah ! c'est toi, Péters ? Vous pouvez entrer sans crainte, madame.

PÉTERS, *qui allait sortir, s'est retourné au cri de Christine.* Tiens, l'un des étrangers est une étrangère.

AMÉLIE, *bas à Christine.* Tu es sûre de ce garçon ?

CHRISTINE *de même.* Comme de moi-même.

PÉTERS, *à part.* Ah ça, pourquoi le père Ivanhoff m'a-t-il recommandé de ne pas parler des étrangers devant sa fille, puisque c'est-elle qui les amène ici.

CHRISTINE. Péters, tu ne diras à personne que tu as vu madame ici... tu n'en diras rien surtout à mon père.

PÉTERS. Hein ! elle aussi. Ah ! je la trouve violente. Mais, mam'zelle...

CHRISTINE. Surtout à lui, tu entends.

PÉTERS. Oui, j'entends, mais...

AMÉLIE, *passant à lui, et lui donnant une bourse.* C'est bien convenu.

PÉTERS. Certainement, madame, au fait, ça ne me regarde pas.

AMÉLIE, *à Christine.* Il me semble qu'il se fait bien attendre... l'heure est passée.

CHRISTINE. Non, madame, pas encore.

PÉTERS, *qui a compté son argent.* Ça va bien... Il y au moins vingt-trois ans de mes économies là dedans.

CHRISTINE, *qui a été au fond, revenant.* Le voici, madame.

SCÈNE III.

LES MÊMES, LADISLAS.

LADISLAS, *entrant par le fond.* Chère Amélie, c'est donc vous, enfin !

* Péters, Christine, Amélie.
** Péters, Amélie, Christine.
*** Péters, Amélie, Christine, Ladislas.

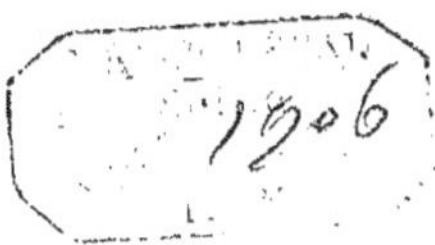

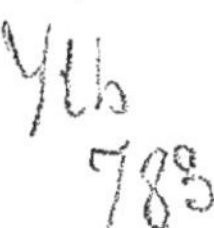

AMÉLIE, *lui montrant Péters.* Chut!...

CHRISTINE. Je vais le renvoyer.

PÉTERS. Encore un... il en vient donc de tous les côtés?

CHRISTINE. Allons, Péters, descends, on doit avoir besoin de toi en bas.

PÉTERS. Mais, mam'zelle Chr'stine, vot' père m'avait dit...

LADISLAS, *lui donnant une bourse.* Voyons, laisse-nous.

PÉTERS. Oui, monseigneur, tout de suite (*A part.*) Ah! mais, ça va très-bien.

CHRISTINE. Dépêche-toi, donc!

PÉTERS. Monseigneur, madame. (*A part.*) Le père Ivanhoff avait raison, ce sont des étrangers très comme il faut.

ENSEMBLE :

Air du *Ver Luisant.*

LADISLAS.

C'est trop lasser ma patience,
Sans plus tarder, sors, il le faut;
Mais surtout de notre présence
À personne ne dis un mot.

PÉTERS.

Combien je bénis la présence
De ces étrangers comme il faut,
Grâce à leurs dons, j'aurai la chance
D'épouser Christine bientôt.

AMÉLIE.

Je compte sur votre silence;
Songez qu'à personne il ne faut
Révéler ici ma présence,
Dans votre intérêt pas un mot.

CHRISTINE.

Allons, Péters, de ta présence
Sans plus tarder songe qu'il faut
Nous délivrer ; mais du silence
Et de tout ceci pas un mot.

(*Péters sort par le fond.*)

SCÈNE IV.

LES MÊMES, *moins* PETERS.

CHRISTINE, *mettant le verrou au fond.* Enfin nous en voilà débarrassés.

AMÉLIE. Bonne petite sœur! Mais remerciez-la donc, Ladislas, c'est à elle que nous sommes redevables de ce moment de liberté ; c'est elle qui, sachant que je refusais de me rendre dans la petite maison que vous avez louée hors de la ville, m'a proposé de venir ici afin de nous concerter tous deux, sans courir le risque d'être épiés, comme nous le sommes au palais par mon tuteur et votre amiral.

LADISLAS. Merci d'être venue, Amélie, et à vous aussi, ma chère enfant. Vous me rendez plus heureux que vous ne pouvez le supposer.

CHRISTINE. Oh! que si, monsieur Ladislas, je le sais, car j'ai un amoureux aussi, moi... le petit Péters qui était là tout à l'heure. Il n'est pas beau, mais c'est un excellent cœur, et si on voulait m'empêcher de lui parler, si on écoutait ce que nous nous disons, il me semble que je gcillerais d'envie de lui parler toujours en secret.

LADISLAS *et* AMÉLIE. Voyez-vous ça.

CHRISTINE. Mais comme on ne nous en empêche pas, nous ne nous disons jamais rien.

LADISLAS. Et vous êtes sûre que personne ne peut pénétrer ici?

CHRISTINE. Soyez tranquille... Est-ce que je voudrais exposer ma chère sœur de lait au moin-

dre danger? J'ai fermé au verrou cette porte qui conduit dans la taverne; quant à celle-ci, mon père en possède seul la seconde clef. Pendant que vous allez causer ensemble je vais guetter son retour sur ce balcon, et s'il arrivait par l'une de ces deux issues, je vous ferais sortir par l'autre. Me voilà à mon poste, n'ayez aucune crainte, à la moindre alerte, je vous avertis.

AMÉLIE. Oui, ma bonne Christine, je me fie entièrement à toi. *Christine va sur le balcon*)

LADISLAS. Oh! parlez, Amélie, parlez encore, afin qu'en entendant votre douce voix, je me persuade que mon bonheur n'est pas un rêve. Mais non, tout est réel, n'est-ce pas? C'est bien vous que j'entends, c'est bien vous, et loin de tous les regards indiscrets qui nous observent sans cesse, je puis vous dire combien vous m'êtes chère.

AMÉLIE. Hélas! mon ami, ce bonheur, nous le devons à l'embarras de notre situation qui est plus désespérée que jamais.

LADISLAS. Vous m'effrayez... qu'est-il donc arrivé ?

AMÉLIE. Hier, mon tuteur, le comte de Burkeim a solennellement demandé ma main à l'empereur, et Pierre, qui était dans un de ces jours où il ne sait rien refuser à ses favoris, lui a donné l'autorisation de m'épouser. Mon tuteur a voulu que ce projet restât secret, et je l'ignorerais encore, sans l'impératrice qui, instruite de ma répugnance à conclure ce mariage, a bien voulu m'en prévenir.

LADISLAS. Que m'apprenez-vous là!

AMÉLIE. La triste vérité, si pour parer ce coup, nous nous adressions à votre oncle... l'empereur a beaucoup d'estime, de confiance en lui, et peut-être qu'à sa prière...

LADISLAS. Non, Amélie, Pierre le Grand ne retire jamais une promesse faite par lui. Ce qu'il faut, c'est que monsieur de Burkeim renonce de lui-même à cet hymen.

AMÉLIE. Et voilà ce qui n'arrivera pas, à moins qu'on ne l'y force. Ce que monsieur de Burkeim veut en moi, c'est ma fortune, et vous le savez, il n'est pas homme à y renoncer.

LADISLAS. Ah! qu'il la garde tout entière et qu'il me laisse votre cœur. Je suis assez riche pour nous deux.

AMÉLIE. Cette proposition lui sourirait sans doute, et bientôt le jeu aurait tout englouti; mais je ne lui donnerai pas cette satisfaction.

LADISLAS. Alors, je vais provoquer monsieur de Burkeim, je le tuerai, et tout sera dit.

AMÉLIE, *souriant.* Certes, voilà un bon expédient mais je le trouve trop sanguinaire. Je ne veux pas la mort du tuteur, mais sa conversion. D'ailleurs ce cher comte n'accepterait pas votre défi, le courage n'est pas sa vertu dominante.

LADISLAS. Quel moyen employer alors?

AMÉLIE. La ruse... monsieur de Burkeim est un fin diplomate, battons-le avec ses propres armes, et pour commencer, nous ferons bien de lui opposer votre amiral, monsieur de Caylus... qui est aussi fort bien en cour. Une fois instruit de ce projet de mariage, la haine qu'il porte à mon tuteur nous est un sûr garant de l'ardeur qu'il mettra à le contre-carrer.

LADISLAS. Mais songez-y, Amélie, monsieur de Caylus vous aime aussi, et, s'il se mêle de cette affaire, ce sera dans son intérêt.

AMÉLIE. Qu'importe?

LADISLAS. Mais beaucoup, je vous jure.

AMÉLIE. N'allez-vous pas être jaloux de mon-

Ladislas, Amélie.

nieur de Caylus, d'un homme qui, oubliant son rang, son titre, s'abaisse quelquefois, pour satisfaire une honteuse passion, jusqu'à s'enivrer avec les ouvriers du port?

LADISLAS. L'exemple qui vient d'en haut est si contagieux... et monsieur de Caylus possède tant de qualités pour racheter ce vice. N'a-t-il pas su, en moins de deux ans, lui Français, lui officier de fortune, se créer par les seules ressources de son intelligence une position exceptionnelle et brillante... N'est-il pas déjà amiral... Et qu'elle bravoure, quelle gaieté!.. Oh! tenez, s'il ne vous aimait pas, je dirais que c'est un héros, car je le pense.

AMÉLIE. Dites-le donc alors, car monsieur de Caylus ne doit vous inspirer aucun ombrage : je ne veux pas me servir de son affection, mais de son pouvoir auprès de l'empereur et de sa haine contre monsieur de Burkeim.

Air : *Ma petite Croix.* (Jean Bart)

Pour nous préserver
Contre tout danger
Sachons irriter
La jalouse rage
De nos ennemis,
Suivez mon avis
Et bientôt je gage
Nous serons unis.

Mais, songez-y, de leur tendresse
Il ne faut point être jaloux,
Ils n'adorent que ma richesse...
Moi, je ne puis aimer que vous.

REPRISE ENSEMBLE.

(La musique continue jusqu'à la fin de la scène.

LADISLAS. Mais le temps presse, et dans ce moment je suis fort occupé. Monsieur de Caylus m'a confié le commandement du vaisseau chargé de surveiller la flotte suédoise que le roi Charles XII vient d'envoyer à l'empereur pour négocier soi-disant un traité de paix, mais en réalité pour s'assurer au juste de nos forces navales. J'ai abandonné mon poste un instant, car je ne pouvais résister au désir de vous voir. Si l'amiral apprend cette infraction à ses ordres, il sera furieux, car je soupçonne qu'il ne m'a confiné sur son navire qu'afin de m'éloigner plus sûrement de vous.

AMÉLIE. Raison de plus pour prendre promptement un parti.

CHRISTINE, *revenant en scène.* Vite, séparez-vous, je viens d'apercevoir mon père sur le quai, accompagné de deux hommes : ils se dirigeaient tous trois vers cette petite porte. Dans un instant ils seront ici.

LADISLAS. Je retourne à bord, mais je reviendrai ce soir. Indiquez à Christine l'heure et l'endroit où je pourrai vous voir.

CHRISTINE. Et pour que je puisse vous donner tous ces détails, tenez, monsieur Ladislas, voici la seconde clé de cette petite porte. Vous, madame, entrez dans ma chambre... quand ces hommes qui sont avec mon père se seront éloignés, je reviendrai vous prendre et je vous conduirai jusqu'à l'endroit où votre voiture et vos gens vous attendent.

AMÉLIE. Au revoir, mon ami, prenez confiance. Je ne sais pourquoi, mais j'ai bon espoir.

LADISLAS. Que le ciel vous entende.

REPRISE DE L'ENSEMBLE.
Pour nous préserver, etc.

CHRISTINE.
Pour nous préserver

Contre tout danger,
A vous éloigner
Quand je vous engage,
Suivez mon avis ;
Car en ce logis
Bientôt, je le gage,
Vous seriez surpris.

(Ladislas sort par le fond. Amélie entre dans la chambre à gauche. Christine referme la porte sur elle, et s'appuie contre en voyant entrer son père.)

SCENE V.

CHRISTINE, CAYLUS, BURKEIM, IVANHOFF.

CHRISTINE. Il était temps !

IVANHOFF. Nous voici arrivés, excellences.

CAYLUS. Ce n'est pas malheureux. Quel temps et quels chemins !* *(Apercevant Christine.)* Tiens! une jeune fille charmante, ma foi !

IVANHOFF. La mienne, monsieur l'amiral.

CAYLUS. Allons donc! c'est impossible... avec ces yeux... cette taille... fille d'un lourdaud tel que toi.

IVANHOFF. C'est pourtant bien ma fille... du moins on me l'a toujours assuré.

CAYLUS. En tout cas, je t'en fais mon compliment... elle est ravissante.

CHRISTINE. Monseigneur est bien bon.

IVANHOFF. Comment te trouves-tu ici?... J'avais défendu...

CHRISTINE. Mais, mon père...

CAYLUS. Et pourquoi renvoyer cette gracieuse enfant... un visage frais et enjoué n'est déplacé nulle part.

BURKEIM. Monsieur de Caylus oublie sans doute que nous ne sommes pas venus ici pour dire des fadaises à une petite fille, mais pour affaires graves et sérieuses.

CAYLUS. C'est vrai, monsieur de Burkeim, la présence de cette jeune fille me les avait fait oublier un instant, mais votre sombre figure venant se jeter entre nous, suffit pour me rappeler tout l'ennui et toute la gravité que nous impose notre devoir.

BURKEIM. Toujours plaisant, chevalier?

CAYLUS. Je vous jure que c'est plutôt votre faute que la mienne. Vous avez une figure aussi lugubre qu'avant hier après que je vous eus gagné trois mille roubles et quelques serfs au lansquenet, car c'est à remarquer, mon cher monsieur de Burkeim, depuis quelque temps vous n'êtes pas heureux au jeu.

IVANHOFF. Monsieur l'amiral, je vous ai fait monter une bouteille de ce vin de Constance que vous préférez à tout autre.

CAYLUS. Merci de ton zèle, Ivanhoff. Le Constance est un vieil ami avec lequel j'aime à me trouver en tête-à-tête, quoiqu'il mente à son nom, le perfide, et m'ait déjà trahi bien des fois.

BURKEIM. C'était sans doute afin de vous punir d'avoir abusé de lui.

CAYLUS. Oh! abusé! Le mot est dur, comte, on pense ces choses-là, mais on ne les dit pas.

IVANHOFF. Quand vos excellences auront besoin de quelque chose, elles n'auront qu'à appeler.

CAYLUS. Et comme si j'appelle, ce sera sans aucun doute pour demander un autre flacon, tu auras soin de nous l'envoyer par ta fille.

IVANHOFF. Il sera fait selon vos ordres, amiral. *(A part.)* Compte là-dessus. *(Haut.)* Viens, Christine.

* Christine, Ivanoff, Caylus, Burkeim.

CHRISTINE. Me voici, mon père. (A part.) Pas moyen de faire sortir la princesse. (Haut.) Excellences...

CAYLUS. Mademoiselle. Décidément elle est jolie comme un ange.

ENSEMBLE.

AIR : *Je suis la reine des prairies* (Ver Luisant.)

CAYLUS.

Elle est charmante notre hôtesse,
A ses grands yeux qui ne boirait;
Beauté, candeur et gentillesse,
Tout en elle séduit et plaît.

BURKEIM.

Il faut tâcher avec adresse
D'apprendre de lui le secret
Qui tous les deux nous intéresse
Et nous mène en ce cabaret.

CHRISTINE.

En vérité, je le confesse
Mon pauvre cœur est inquiet
De faire sortir la princesse
Comment donc trouver le secret.

IVANHOFF.

Deux seigneurs chez moi, quelle ivresse !
Quel honneur pour mon cabaret.
Du projet qui les intéresse
Sachons bien garder le secret !

(*Ils sortent par le fond.*)

SCENE VI.

CAYLUS, BURKEIM, AMÉLIE, *dans la chambre à gauche.*

AMÉLIE, *entr'ouvrant la porte.* Christine tarde bien à venir. Ciel! mon tuteur et monsieur de Caylus! que viennent-ils faire ici? oh! je le saurai.

BURKEIM. Maintenant que nous sommes seuls, me direz-vous pourquoi nous sommes ici?

CAYLUS. J'allais vous le demander.

BURKEIM. Enfin, pourquoi êtes-vous venu?

CAYLUS. Je pourrais vous répondre que c'est mon secret.

BURKEIM. Eh bien?

CAYLUS. Mais j'aime mieux vous dire la vérité... je n'en sais rien.

BURKEIM. Attendez-vous quelqu'un?

CAYLUS. Et vous?

BURKEIM. Monsieur le chevalier, j'ai eu l'honneur de vous interroger le premier.

CAYLUS. C'est bien pour cela que je ne veux répondre qu'avec connaissance de cause.

BURKEIM, *à part.* Damné Gascon! (*Haut.*) Oui, monsieur, j'attends quelqu'un.

CAYLUS. A la bonne heure... moi aussi.

BURKEIM. La même personne peut-être?...

CAYLUS. Comment nommez-vous la vôtre?

BURKEIM. Et vous?

CAYLUS. C'est trop juste... chacun son tour, comme aux dés... Le baron Tchérikoff, grand maréchal du palais, conseiller intime de sa majesté Pierre le Grand.

BURKEIM. Fort bien! Et moi aussi.

CAYLUS. A merveille! Et, sans doute, c'est un avis du czar qui vous a indiqué cette taverne comme lieu de rendez-vous?

BURKEIM. Oui, par ce billet que j'ai reçu ce matin à la trésorerie.

CAYLUS. Et moi par celui-ci qui m'a été envoyé à bord.

BURKEIM. Tous deux à la même heure... c'est bizarre. Et vous ne devinez pas?

CAYLUS. Si vraiment. L'empereur, connaissant la tendre sympathie qui règne entre nous, aura voulu nous réunir dans un endroit écarté qui nous permît de resserrer par de doux épanchements la franche amitié dont nous sommes animés l'un pour l'autre.

BURKEIM. Trêve de plaisanteries. monsieur de Caylus, je ne suis pas ce soir d'humeur à les supporter.

CAYLUS. Mais je ne plaisante nullement, je vous jure; et la preuve, c'est que j'ai une demande fort grave à vous adresser.

BURKEIM. Voyons, monsieur.

CAYLUS. C'est que ce sera un peu long. Si vous vouliez me faire l'honneur de vous asseoir, je serais beaucoup plus à mon aise.

BURKEIM. Volontiers, d'autant plus que jusqu'à l'arrivée du baron, je ne vois rien de mieux à faire.

CAYLUS. Croyez bien, mon cher comte, que c'est aussi ce motif qui me décide... Nous sommes faits pour nous entendre.

BURKEIM. Je vous écoute, monsieur.

CAYLUS. Monsieur de Burkeim, j'ai trente-cinq ans.

BURKEIM. Je le veux bien, monsieur.

CAYLUS. Vous êtes bien bon; je suis donc jeune encore.

BURKEIM. Heu! heu!

CAYLUS. Je suis donc jeune encore, je suis brave, je possède une intelligence dont la position que j'ai su conquérir en ce pays répond mieux que ne pourraient le faire les plus pompeux éloges. Quant aux avantages physiques, je ne vous en parlerai pas; d'abord, parce que vous m'accuseriez de fatuité.

BURKEIM. Sont-ce bien là toutes vos qualités?

CAYLUS. Oh! non.

AIR : *du Puits d'Amour.*

J'en possède, je suis sincère,
D'autres dont chacun fait grand cas.

BURKEIM.

Sur celles-là pourquoi vous taire,
Pourquoi ne les nommez-vous pas?
Apprenez-le moi, je vous prie.

CAYLUS.

Un seul mot va vous l'expliquer...
C'est ma très-grande modestie
Qui m'empêche de les citer.
C'est un excès de modestie
Je n'aime point à me vanter.

Je suis donc jeune, brave, spirituel...

BURKEIM. Et modeste.

CAYLUS. Tellement modeste que, jusqu'à présent, j'ai hésité à déclarer les sentiments que m'inspire la femme la plus charmante de la cour de Russie.

BURKEIM. Ah! vraiment!

CAYLUS. Mais aujourd'hui les circonstances me font une loi de chasser ma timidité naturelle, et en homme qui sait les égards que l'on doit aux grands-parents, avant de rien entreprendre, je désire avoir votre assentiment.

BURKEIM. Le mien?

CAYLUS. Le vôtre. (*Il se lève.*) Monsieur le comte de Burkeim, j'ai l'honneur de vous demander la main de votre pupille, la princesse Amélie de Lewembourg.

BURKEIM, *se levant.* Plaît-il?

CAYLUS. Vous n'avez pas compris... j'ai l'honneur de vous demander la main...

BURKEIM. J'ai fort bien entendu.

CAYLUS. Et quelle est votre réponse?

BURKEIM. Je me vois contraint de vous refuser.

CAYLUS. Croyez, cher comte, que d'avance j'é-
tais certain de votre refus.

BURKEIM. Pourquoi m'adresser cette demande
alors?

CAYLUS. Pour avoir le droit d'exiger les raisons
qui vous font me repousser.

BURKEIM. Je n'en ai qu'une, mais elle est
bonne. . Amélie se marie à un autre dans huit
jours.

CAYLUS. Puis-je sans indiscrétion vous demander quel est cet autre?

BURKEIM. Mais! c'est un homme qui, sans réunir toutes les qualités éminentes que vous pos-
sédez à un si haut degré, n'est cependant ni assez
âgé, ni assez sot, pour que son union avec ma
pupille puisse étonner qui que ce soit.

CAYLUS. Ce n'est pas de vous que vous voulez
parler, n'est-ce pas?

BURKEIM. Pourquoi cela?

CAYLUS. Mais parce que votre union avec la
princesse Amélie m'étonnerait au point de dé-
sirer vous couper la gorge plutôt que de souffrir
que vous me causiez un étonnement pareil.

BURKEIM. Vous dites, monsieur?

CAYLUS. Mais non, vous vous vantez, vous,
épouser votre pupille!... ah! ah! ah!

BURKEIM. Que voyez-vous donc là de si risible?
vous voulez bien l'épouser, vous!

CAYLUS. Moi, c'est différent! Oh! quel sort vous
lui réservez! Vous lui en voulez donc beaucoup?

BURKEIM. Pas plus que vous, je pense... un
débauché insatiable...

CAYLUS. Un joueur effréné! ses immenses biens
seraient dévorés par les dés, les cartes, en moins
de deux années. Heureusement ce n'est qu'un
projet que le czar n'a pas encore ratifié.

BURKEIM. Vous êtes dans l'erreur, monsieur;
j'ai sa parole.

CAYLUS. Ah! oui-dà... tiens! mais ça devient
plus sérieux... Dam! nous serons forcés alors
d'en revenir au petit moyen dont je vous parlais
tout à l'heure.

BURKEIM. Lequel, Monsieur?

CAYLUS. Vous savez bien... celui qui consiste
à nous égorger le plus galamment du monde.

BURKEIM. Pourquoi faire?

CAYLUS. Pourquoi faire? Mais quand je vous
aurai tué, j'aurai un rival de moins, et par con-
séquent une chance de plus... ça saute aux yeux.

BURKEIM. Mais, permettez... vous dites...
Quand je vous aurai tué... Je ne puis admettre
ceci... qui sait si ce n'est pas moi au contraire,
qui...

CAYLUS. Oh! non, voyez-vous... D'abord je suis
bien plus fort que vous à l'épée, ensuite j'ai la
bonne cause et, vous le savez, le ciel protége
toujours l'innocence. Enfin, j'ai l'avantage d'être
toujours de sang-froid, tandis qu'à la seule pensée que vous pourrez avoir besoin de dégaîner,
vous voilà pâle... oh! mais pâle comme si déjà
vous étiez mort.

BURKEIM. Prenez garde, monsieur de Caylus.

CAYLUS. Ah! que voulez-vous? je suis très-franc,
très loyal, et je me reprocherais, pendant le peu
de temps qui vous reste à vivre, de vous avoir ca-
ché le désavantage de votre position.

BURKEIM. Morbleu! Monsieur c'est ce que nous
allons voir.

CAYLUS. Allons donc, monsieur le comte; on a
bien de la peine à tirer de vous une bonne parole.

BURKEIM. En garde, monsieur.

CAYLUS. Pardon... Je suis à vous.

BURKEIM. Finissons, monsieur, ou je croirai que
tout ceci n'est que de la fanfaronnade.

CAYLUS. Vous avez mauvaise opinion de vos
semblables, monsieur. (Il boit.) Ce vin est excellent et donnerait du cœur au moins courageux...
Vous devriez en prendre un verre, comte.

BURKEIM. En garde, vous dis-je!

CAYLUS. Maintenant, à vos ordres. (Ils croisent
le fer et font plusieurs dégagements.

SCÈNE VII.
LES MÊMES TCHÉRIKOFF, IVANHOFF.

IVANHOFF, faisant entrer Tchérikoff. Entrez
monseigneur.

TCHÉRIKOFF. Comment, messieurs, que signifie?

CAYLUS. Ne faites pas attention, baron, je suis
en train d'obtenir de monsieur, son consentement à mon mariage.

TCHÉRIKOFF. Eh quoi! toujours en querelle?
Cessez le duel, je vous en prie.

CAYLUS. Cela nous est impossible. D'ailleurs, ce
n'est pas un duel, c'est une demande en mariage.

TCHÉRICOFF. Voyons, soyez raisonnables, ter-
minez ce combat.

BURKEIM. Ne l'espérez pas, baron.

TCHÉRIKOFF. Eh! bien, alors, je vous l'ordonne.

CAYLUS et BURKEIM. Hein?

TCHÉRIKOFF Oui, messieurs, je vous l'ordonne
au nom de l'empereur!

CAYLUS et BURKEIM, cessant de se battre. L'empereur!

TCHÉRIKOFF. Qui m'a chargé de vous rapporter
ces paroles que je vous engage à méditer... Dites
bien à Burkeim et à Caylus de mettre de côté
leurs rancunes personnelles, pour agir de con-
cert dans la mission dont je les charge. Et si
cequ'à Dieu ne plaise, un accident arrivait à l'un
des deux, je me verrais dans la nécessité d'en
rendre l'autre responsable, et je n'hésiterais pas
un instant à le faire pendre pour venger la vic-
time d'abord, et ensuite pour servir d'exemple
aux seigneurs de ma cour qui seraient tentés de
les imiter.

CAYLUS. Ah! l'empereur a daigné vous dire cela.

TCHÉRIKOFF. En propres termes, messieurs,
choisissez entre votre haine et la volonté de Pierre.

CAYLUS. Le choix n'est pas douteux... qu'en
pensez-vous, monsieur de Burkeim?

BURKEIM. Je pense que nous devons nous
soumettre aux ordres de l'empereur.

CAYLUS. Pardieu! il m'eût été agréable de
vous tuer, c'est incontestable, mais sans courir
le risque d'être pendu. Diable! je n'aurais pas
assez de temps pour me réjouir de ma victoire.

TCHÉRIKOFF. Ainsi, messieurs, vous me jurez
que la scène dont je viens d'être témoin n'aura
pas de suite?

CAYLUS. Jusqu'à l'accomplissement de la mission dont nous allons être chargés, je le jure.

BURKEIM. Et moi aussi.

TCHÉRIKOFF. Fort bien... Je prends acte de votre serment. Ivanhoff!

IVANHOFF. Excellence.

TCHÉRIKOFF. Personne ne doit pénétrer ici
tant que nous y serons.

IVANHOFF. Soyez tranquille, excellence.

TCHÉRIKOFF. Nous sommes bien seuls... où
conduit cette porte?

IVANHOFF. Dans la chambre de ma fille qui en
garde toujours la clé sur elle. Elle est en bas en ce
moment et y restera tant que je le lui ordonnerai.

TCHÉRIKOFF. S'il arrivait quelques matelots

Ivanoff, Burkeim, Tchéricoff, Caylus.

suédois de la flotte de l'ambassadeur, tu monterais de suite nous prévenir.

IVANHOFF. Oui, excellence.

TCHÉRIKOFF. Rappelle-toi que si notre présence ici était connue, ta tête paierait cette indiscrétion.

IVANHOFF. Et comme je ne possède que celle-là, je tiens à la conserver.

CAYLUS. Quel mauvais goût!

ENSEMBLE.

Air : *de Fragoletta* (Jean Bart.)

TCHÉRIKOFF.

Sur cette conférence
Garde bien le secret,
Car la moindre imprudence
Sans retour te perdrait.
    Sur ce secret
    Il me promet
    D'être discret.

BURKEIM et CAYLUS.

Sur cette conférence
Sachons être discret,
Car la moindre imprudence
Sans retard nous perdrait.
    Soyons discret
    Car ce secret
    Tous nous perdrait.

IVANHOFF.

Sur cette conférence
Qui doit être un secret,
Soyez-en sûr d'avance
Je resterai muet,
    Sur ce secret
    Sans nul regret
    Je suis muet.

(*Il sort.*)

SCÈNE VIII.

LES MÊMES, moins IVANHOFF.

BURKEIM, *à part.* Pendu si je le tue ou si je le blesse... Mais s'il pouvait se perdre tout seul, ou du moins en avoir l'air, je ne serais plus responsable de rien.

CAYLUS, *à part.* J'ai juré que je ne me battrais pas avec lui, mais voilà tout... Tâchons de l'enfoncer adroitement dans quelque bourbier dont il ne puisse sortir intact aux yeux de Pierre. Ou je me trompe fort, ou cette mission dont nous allons être chargés doit m'en fournir le moyen.

TCHÉRIKOFF, *qui, pendant ce temps, a congédié Ivanhoff.* Maintenant, messieurs, veuillez prendre place et me prêter une oreille attentive.

BURKEIM. Nous vous écoutons.

AMÉLIE, *entr'ouvrant la porte de la chambre.* Et moi aussi.

CAYLUS. Avant toute autre chose, vous plairait-il de nous expliquer pourquoi c'est dans cette taverne que nous sommes réunis?

TCHÉRIKOFF. Parce que cette taverne est le rendez-vous habituel de la marine, et particulièrement de la flotte suédoise.

CAYLUS. Ah! ah! nous y arrivons. J'avais toujours pensé qu'il y avait de la Suède dans tout ceci.

TCHÉRIKOFF. Pierre trouve que l'ambassadeur de Suède ressemble plus à un conquérant qui vient s'installer dans une ville prise d'assaut, qu'à un envoyé qui vient négocier une trève.

CAYLUS. Et il a raison, pardieu!... On n'envoie point une escadre tout entière avec un armement au grand complet lorsqu'on n'a que des intentions pacifiques.

TCHÉRIKOFF. Et pour user de représailles envers son cousin Charles XII, il désire s'emparer de la flotte et de tout son attirail de guerre, afin de s'en servir à l'occasion.

CAYLUS. Ce serait assez adroit; mais comment espère-t-il?...

TCHÉRIKOFF. Il espère en vous, et voilà pourquoi il vous a réunis ici; vous, monsieur de Burkeim, afin que sous les habits d'un mougick, vous alliez enrôler, au prix fabuleux de cinq cents roubles par tête, tous les marins suédois qui viendront dans cette taverne, en en promettant autant à tous les camarades qu'ils pourront décider à descendre à terre.

BURKEIM. Mais je ne vois pas le résultat.

TCHÉRIKOFF. Attendez donc. Vous indiquerez à ces braves gens une heure de rendez-vous, et à cette même heure, monsieur de Caylus aura ordonné à quelques-uns de ses matelots de descendre également à terre... Il se sera arrangé de manière à susciter entre ses gens et les Suédois une petite rixe qui dégénérera bientôt en émeute... Quelques coups de feu seront tirés... On répandra l'alarme, et le czar, prévenu de cette collision, retiendra prisonnier l'ambassadeur et sa suite qui seront au palais à admirer la brillante fête que l'Impératrice donne demain en leur honneur. Pendant ce temps, monsieur de Caylus, profitant de la confusion générale, se sera rendu maître de la flotte suédoise et de tous ceux qui seront restés à bord.

CAYLUS. Mais dites donc, maréchal, c'est une trahison.

TCHÉRIKOFF. Sans doute une trahison des Suédois qui auront voulu faire une descente à main armée contre leurs alliés, car il est bien entendu que chaque marin qui désertera la flotte suédoise doit se livrer à nous tout équipé.

CAYLUS. Ah! oui da!

BURKEIM. Et l'argent nécessaire à cet enrôlement, où le prendre?

TCHÉRIKOFF. Dans ce portefeuille que l'empereur a pris sur ses fonds particuliers, afin que personne ne se doute de son projet. Allons, messieurs, à l'œuvre. Si le succès couronne nos efforts, Pierre veut vous récompenser en vous donnant, à vous, monsieur de Burkeim, la charge de grand trésorier que vous ambitionnez depuis si longtemps.

BURKEIM. Il se pourrait?...

CAYLUS, *à part.* C'est ce que nous verrons.

TCHÉRIKOFF. A vous, monsieur de Caylus, le commandement général de toutes nos forces navales.

CAYLUS. Il ne me reste qu'à remercier l'empereur de cette insigne faveur.

BURKEIM. Et à savoir la mériter; car si le malheur voulait que nous ne pussions réussir dans cette entreprise, qu'arriverait-il?

CAYLUS. Parlez pour vous, monsieur de Burkeim; moi, je ne doute pas.

BURKEIM. Soit, monsieur. (*A part.*) Patience, j'aurai mon tour. (*Haut.*) Si je ne pouvais parvenir à enrôler aucun marin, vous dois.

TCHÉRIKOFF. Ce serait fâcheux, comte, car la colère de Pierre serait égale à sa reconnaissance, et la punition qu'il vous infligerait en retour de ce manque d'adresse, serait, je crois, la même, que si vous vous battiez l'un contre l'autre.

CAYLUS. Hein? plaît-il? pendu!

TCHÉRIKOFF. Je regrette de ne pouvoir vous dire non.

CAYLUS. Ah! mais, entendons-nous, ceci change la thèse.

BURKEIM. Que vous importe, puisque vous êtes sûr de vous?

CAYLUS. Aussi, est-ce dans votre intérêt que je m'inquiète de ce détail.

BURKEIM. Et quand dois-je commencer?...

TCHÉRIKOFF. Vos enrôlements... dès que la nuit sera venue. Jusque-là, le czar désire que l'on ne vous aperçoive pas à Saint-Pétersbourg, et son avis serait que vous restassiez ici jusqu'au moment d'agir.

BURKEIM. Et ce costume de mougick, où le prendre?

TCHÉRIKOFF. On a tout prévu. Ivanhoff, le maître de cette taverne, vous donnera tout ce qui vous sera nécessaire. Il ne me reste plus qu'à vous remettre à chacun ce pli cacheté dans lequel Pierre vous indique le signal qui doit décider le moment de l'émeute.

CAYLUS et BURKEIM. Ah! voyons.

TCHÉRIKOFF. Le czar exige que vous ne décachetiez ces dépêches que lorsque les préliminaires de l'affaire seront entamés.

CAYLUS. Tant pis... j'aurais été bien aise de m'instruire complètement de suite.

BURKEIM. Nous nous soumettrons toujours à la volonté de l'empereur.

TCHÉRIKOFF. Adieu, messieurs; vous avez encore quelques heures avant la nuit... mais pour Dieu! ne les employez pas à vous quereller et à ferrailler l'un contre l'autre... Rappelez-vous la décision impériale.

CAYLUS. Baron, à dater de cette heure, la vie de monsieur m'est aussi sacrée que la mienne, et je ferais un mauvais parti à quiconque lui chercherait querelle.

TCHÉRIKOFF. Fort bien, messieurs; c'est ce que l'empereur désire.

AIR : d'Haydée.

Soyez unis (bis.)
C'est le moyen d'assurer la victoire.
Pour combattre nos ennemis
Pour conquérir des honneurs, de la gloire.
Soyez unis (ter.)

REPRISE ENSEMBLE.

(Le Baron sort par la porte à droite.)

SCÈNE IX.

CAYLUS, BURKEIM.

CAYLUS, à part.** Quel moyen employer pour empêcher ce rustre d'être nommé grand trésorier sans courir le risque d'être... ah! c'est délicat.

BURKEIM, à part. Deux heures seulement avant la nuit... deux heures pour m'opposer à la grandeur future de cet ambitieux Gascon, je n'ai pas de temps à perdre.

CAYLUS, à part. Oui, il faut toujours prendre les gens par leurs vices... Je vais le faire jouer, et si, dans une heure, il lui reste un seul des roubles qu'on vient de lui remettre pour notre expédition, je consens à être pendu à sa place. Le tout est de le décider à se mettre au jeu.

BURKEIM, à part. Si je puis l'amener à boire un verre de constance, il en aura bientôt avalé quelques bouteilles, et alors son affaire est sûre... Mais voudra-t-il boire?

CAYLUS, haut. Singulière position que la nôtre, cher comte, heureusement notre liaison amicale ne nous est imposée que pour vingt-quatre heures.

BURKEIM. Heureusement ou malheureusement.

CAYLUS. Hein?...

* Burkeim, Caylus, Tchérikoff.
** Burkeim, Caylus.

BURKEIM. N'est-il pas fâcheux que des gentilshommes faits pour s'entendre et s'estimer, en soient réduits par les circonstances à se haïr et à se détester?

CAYLUS, à part, Comme il devient conciliant! (Haut.) Mais que diable allons-nous faire pendant les deux mortelles heures dont nous avons à disposer?

BURKEIM. Ma foi, je l'ignore.

CAYLUS. La perspective de rester dans cette taverne n'offre rien de bien attrayant, si du moins on pouvait s'y procurer quelques distractions.

BURKEIM. Et des rafraîchissements... car on étouffe ici.

CAYLUS. Voulez-vous que j'ouvre cette fenêtre?

BURKEIM. Non, mer il mais si vous le souhaitez nous pourrions faire monter quelques flacons de constance. Leur parfum dissiperait peut-être les vapeurs de cette atmosphère qui vous prennent à la gorge d'une terrible façon

CAYLUS. Merci, je n'ai pas soif (A part.) Je le vois venir. (Haut.) Dans ce moment, je préférerais au meilleur vin une partie de dés ou de lansquenet qui nous aiderait à tromper les ennuis de l'attente.

BURKEIM. Vous avez donc quelques roubles à perdre?

CAYLUS. Mon Dieu, oui... et vous?

BURKEIM. Pas la moitié d'un.

CAYLUS. Mais ce portefeuille?

BURKEIM. Cet argent ne m'appartient pas.

CAYLUS. Oh! vous en perdriez un peu que vous le remplaceriez facilement.

BURKEIM, à part. Le traître sait bien qu'en ce moment cela me serait impossible. (Haut.) Le jeu ne me tente pas ce soir.

CAYLUS, à part. Il te tentera bientôt, j'en réponds. (Haut.) Du reste, que ce ne soit pas moi qui vous empêche de vous rafraîchir. Je saurai me faire violence afin de vous rendre service. (A part.) C'est le seul moyen de le décider à jouer.

BURKEIM, à part. Il y arrive. (Haut.) J'accepte, chevalier, et je ne saurais mieux reconnaître votre complaisance qu'en vous proposant cette partie de lansquenet ou de dés que vous désiriez tout à l'heure.

CAYLUS. On n'est pas plus aimable. (Il sonne. A part.) Il va jouer; bravo!

BURKEIM, à part. En jouant, il boira sans prendre garde, et je suis sûr, moi, de m'arrêter dès que je le voudrai. Tout va bien.

SCÈNE X.

LES MÊMES, PÉTERS.

PÉTERS.* Voilà Excellence... Tiens! c'est plus les mêmes, d'où sortent-ils encore ceux-là?

CAYLUS. Tiens! ce n'est pas Christine! Des cartes, et des dés.

PÉTERS. Oui, excellence!

CAYLUS, à part. La chance pourrait ne pas me favoriser, il faut en être maître à tout prix. Mais comment? Attends.

BURKEIM, à part. Il me faut quelque chose de plus sûr que l'ivresse: le sommeil, oui, justement. le docteur Kératzin demeure à deux pas. (Il écrit.)

CAYLUS, bas à Péters.** Ton patron Ivanhoff doit s'emparer souvent de dés pipés qu'il confisque aux matelots qui viennent dans sa taverne.

PÉTERS. Je crois bien... nous en avons là plein une petite boîte.

* Burkeim, Peters, Caylus.
** Burkeim, Caylus, Péters.

CAYLUS. Tu m'en donneras un jeu.

PÉTERS. Plaît-il ?

CAYLUS. Chut ! (*Ils se parlent tout bas et ont l'air de se disputer.*)

PÉTERS. De l'argent... encore ! Monseigneur, je n'ai rien à vous refuser. (*Il lui donne les dés.*)

BURKEIM, *lisant.* C'est bien cela. (*Péters apporte une bouteille.*) Comment une seule bouteille ? Pour qui nous prends-tu donc ?

CAYLUS, *à part.* Ah ça ! mais je ne sais pas jouer avec ces choses-là.

PÉTERS. Je vais en monter d'autres... Excellence.

BURKEIM. Sans doute. (*Bas.*) Mais avant tu vas porter ce billet à son adresse ici près, on te remettra en échange une petite fiole dont tu verseras le contenu dans la première bouteille que tu vas monter.

PÉTERS. Mais, excellence, je ne sais.

BURKEIM. Obéis donc imbécile, tu vois bien que c'est une gageure. (*Il lui donne de l'argent.*)

PÉTERS. Ah ! si c'est une gageure. (*A part.*) Ils se sont donné le mot aujourd'hui... ça va bien, ça va bien !

Air : De la Syrène.

CAYLUS et BURKEIM.

Pour perdre mon rival
L'occasion est bonne,
Car le hazard me donne
Un moyen sans égal.

PÉTERS.

L'ordre de l'amiral
Au dernier point m'étonne
Mais la journée est bonne
Le reste m'est égal.

SCÈNE XI.

CAYLUS, BURKEIM.

BURKEIM, *à part.* Le docteur m'est tout dévoué et m'enverra à coup sûr cette dose d'opium que je viens de lui demander. A nous deux, chevalier; cette fois j'espère que vous n'en réchapperez pas.

CAYLUS. As, trois... Oh ! oh ! j'amène de vilains dés aujourd'hui... Est-ce par les dés que nous commençons ? (*Il boit.*) Quel est votre enjeu ?

BURKEIM. Ce que vous voudrez.

CAYLUS. Peu de chose... Alors cinq cents roubles par coup, cela vous convient-il.

BURKEIM. Parfaitement, à votre santé, monsieur de Caylus ?

CAYLUS. A la vôtre... A vous l'honneur.

BURKEIM. Dix.

CAYLUS. Sept, voilà. (*Il le paye et ainsi pendant toute la scène.*)

BURKEIM. Huit.

CAYLUS. Six.

BURKEIM, *buvant.* Ce vin est vraiment délicieux; on en boirait toujours.

CAYLUS. Vous me paraissez en veine, monsieur de Burkeim. (*A part.*) Décidément il faut corriger le hasard. (*Il change les dés.*)

BURKEIM, *versant.* A une meilleure chance.

CAYLUS. Et pour conjurer la mauvaise, je triple l'enjeu !

BURKEIM. Hein ! (*A part.*) Oh ! que m'importe ? je gagne. (*Haut.*) Volontiers, neuf.

CAYLUS. Onze.

BURKEIM. Est-ce que déjà la chance tournerait ?

CAYLUS. Prenez garde, une fois que je m'y mets ..

  * Caylus, Burkeim.

BURKEIM, *versant à boire.* C'est ce que nous allons voir.

CAYLUS. Je parie trois mille roubles pour moi.

BURKEIM. Je les tiens... trois mille roubles et une bouteille que boira le vainqueur, l'autre s'abstiendra, double perte !

CAYLUS. Deux, si vous le voulez, mais je vous le prédis, vous allez devenir hydrophobe.

PÉTERS, *apportant une bouteille.* Voilà, excellences.

BURKEIM. Bien. (*A part.*) C'est fait.

PÉTERS. Oui, j'ai tout versé.

BURKEIM. Va-t'en... Dix.

CAYLUS. Douze ! à moi les trois mille roubles et le flacon.

BURKEIM, *le payant et lui versant à boire.* Voilà.

CAYLUS. Décidément ce vin est exquis. Il me semble plus capiteux que tout à l'heure.

BURKEIM. Il n'en est que meilleur, vous me gagnez six mille roubles. Voyons quitte, ou double.

CAYLUS. Soit, onze.

BURKEIM. C'est donc le diable, neuf. Malédiction.

CAYLUS, *à part.* Il s'échauffe, bravo. (*Haut.*) Buvez donc, comte.

BURKEIM. Merci, je n'ai pas soif.

CAYLUS. Je crois, Dieu me damne ! que ce vin se bonifie en le buvant.

BURKEIM. Jouez donc quitte ou double.

CAYLUS. Soit. Huit.

BURKEIM. Ah ! cette fois... sept !... Oh ! rage !

CAYLUS, *à part.* Voilà encore beaucoup de matelots suédois de moins. (*Haut.*) On croirait réellement que j'ai de la corde de pendu, tandis que c'est vous au contraire qui...

BURKEIM. Plaît-il ?

CAYLUS. Rien, rien.

BURKEIM. Oh ! c'est l'enfer qui me poursuit !

CAYLUS. Diable de vin ! il est bon, mais il est fort.

BURKEIM, *très-exalté.* Encore, encore !

CAYLUS. Volontiers, mais je vous ferai observer qu'alors nous jouerons sur parole, car votre portefeuille m'appartient tout entier.

BURKEIM, *de même.* Ah ! mon Dieu ! c'est vrai.

CAYLUS. Pardon, j'ai dit votre portefeuille, je voulais dire celui de l'empereur.

BURKEIM. Oh ! qu'ai-je fait !

CAYLUS. Ou, si vous l'aimez mieux, le portefeuille destiné aux Suédois.

BURKEIM. Malheureux ! je suis perdu !

CAYLUS. Vous voulez dire pendu... vous vous trompez de consonne.

BURKEIM. Misérable ! c'est toi qui m'as entraîné dans ce piège !

CAYLUS. Là... là... de grands mots... tu méconnais donc l'amitié qui nous lie pour vingt-quatre heures.

BURKEIM. Ah ! ah ! fou que je suis... j'oubliais...

CAYLUS. Tu ris ?

BURKEIM. Oui, je ris, parce que je pense que demain tu seras pendu aussi.

CAYLUS. Moi, et pour quelle raison ?

BURKEIM. Ah ! ah ! tu es tellement ivre que tu ne t'aperçois de rien.

CAYLUS. Moi, ivre... quelle folie ! Tu me compares toujours à tes cosaques qui s'enivrent comme des brutes... A ta santé. (*Il boit.*) Eh bien ! l'heure approche... va donc enrôler tes matelots suédois, on t'a donné de l'or pour cela... (*On entend des cris.*) Tiens, tes hommes sont en bas, va donc !

BURKEIM. J'irai au moment où tu partiras d'ici pour te mettre à la tête de ton escadre.

CAYLUS. Ce sera de suite alors. (*Il se lève, chancelle et retombe sur la chaise.*) C'est étrange.

BURKEIM. Eh bien! tu ne pars pas?

CAYLUS. Si, j'y vais... (*Il retombe encore.*) Oh! mon Dieu! qu'ai-je donc? Cette pesanteur... cet abattement. Je veux résister au sommeil qui me gagne et je ne puis.

BURKEIM. Va donc, tes marins t'attendent.

CAYLUS. Oui... il faut... mais non... cela m'est impossible... qu'ai-je donc? (*S'écriant.*) Ah! je me souviens... ce vin que tu m'as versé tout à l'heure.

BURKEIM. Oui, je t'ai endormi, et demain Pierre se chargera de ma vengeance.

CAYLUS. Ah! traître! mais on viendra à mon aide... à moi! (*On entend des cris.*)

BURKEIM. On ne t'entend pas... écoute ces cris, et dans un instant, quand tes forces vont être épuisées! sans bruit, sans lutte; je te reprendrai cet argent que tu serres si précieusement contre toi... et il me sera facile d'accomplir ma mission.

CAYLUS. Tu es bien imprudent, ne crains-tu pas que, malgré la défense de Pierre, je ne me batte avec toi?

BURKEIM. Non... tu n'en aurais plus la force... tiens, tu pâlis encore... le terme est arrivé.

CAYLUS. J'appellerai alors. A moi! à moi!

BURKEIM. C'est inutile, personne ne viendra.

SCÈNE XII.
LES MÊMES, IVANHOFF.

IVANHOFF. Excellence, tous nos marins sont arrivés... si vous voulez revêtir le déguisement convenu, je vais vous conduire.

CAYLUS. Ah! je suis sauvé... Ivan... ah!

BURKEIM. C'est bien, il dort.

IVANHOFF. Ah! mon Dieu! qu'a donc l'amiral.

BURKEIM. Rien, il repose.

CAYLUS. A moi... à...

IVANHOFF. Mais voyez.

BURKEIM. Ce n'est rien, te dis-je... viens, viens donc, malheureux! (*Il sort précipitamment en entraînant Ivanhoff.*)

SCÈNE XIII.
CAYLUS, endormi; AMELIE, puis LADISLAS et CHRISTINE.

AMÉLIE, *s'avançant doucement, va au fond et met le verrou à la porte, puis revient près de Caylus.* Il dort... Oh! quelle découverte! mais mon tuteur va revenir, et pour réussir dans le projet que je médite, il faudrait soustraire monsieur de Caylus à tous les regards. (*Ladislas paraît à la petite porte.*) Oh! je bénis le ciel qui l'envoie.

LADISLAS. Vous voilà, Amélie... Christine vient d'accourir à mon bord et m'a prévenu que vous étiez retenue ici par la présence de plusieurs personnes. Aussitôt, craignant un guet-à-pens, un piége, je me suis mis en route avec quelques-uns de mes braves marins, bien décidé à vous délivrer, fut-ce même par la violence. Mais je vous trouve seule, rien ne justifie ces craintes... qu'est-ce que cela signifie?

AMÉLIE. Je n'ai pas le temps de vous l'apprendre maintenant, vous avez, dites-vous, quelques-uns de vos marins avec vous... où sont-ils?

LADISLAS. Là, prêts à accourir à mon premier signal.

AMÉLIE. Bien... Christine, fais-les monter.

CHRISTINE. Oui, madame... mais...

LADISLAS. Que vois-je? monsieur de Caylus évanoui.

AMÉLIE. Non, mais endormi, vous allez le faire transporter dans ma voiture qui m'attend à l'angle du quai.

CHRISTINE. Les voici, madame.

LADISLAS. Mais, me direz-vous...

AMÉLIE. Je vous dirai tout dans un instant, en route; mais par grâce, hâtons-nous. Il y va de notre bonheur.

LADISLAS. Oh! alors, je n'hésite plus. (*Il fait signe aux marins qui emport[en]t Caylus.*)

AMÉLIE. Christine, n'entends-tu rien de ce côté.

CHRISTINE. Si, madame, il me semble qu'on se dirige vers cette salle.

AMÉLIE. Ote le verrou et partons, viens.

LADISLAS. Je m'y perds.

AMÉLIE. Venez, Raoul, venez. Ah! monsieur mon tuteur, à nous deux maintenant. (*Ils sortent tous trois par la petite porte.*)

SCÈNE XIV.
BURKEIM, *seul, entre par le fond en costume.* N'apercevant personne, il va à toutes les portes, et revient en disant :

Parti! Malédiction! ah! que l'enfer me protège, car s'il ne vient à mon aide, demain, demain, je serai pendu.

ACTE II.
Le théâtre représente une salle d'attente au palais impérial.

SCÉNE PREMIÈRE.
AMELIE, puis BURKEIM.

AMÉLIE, *seule.* Midi et Ladislas n'a point encore paru... Je suis d'une inquiétude... On vient... c'est lui, sans doute... Non, c'est mon tuteur; comme il a l'air soucieux... Allons, allons, tout va bien. (*Elle se retire à l'écart.*)

BURKEIM. Impossible de retrouver sa trace! Où peut-il être passé. J'ai parcouru la ville toute la nuit... espérant trouver mon Gascon endormi à quelque coin de rue, ensuite je me suis fait conduire jusqu'à son navire... J'ai adroitement interrogé un de ses mousses qui m'a affirmé que l'amiral n'avait pas remis le pied sur son bâtiment depuis la veille. Au jour, épuisé de fatigue, j'ai été chez tous mes amis pour leur emprunter la somme dont j'avais besoin... aucun d'eux n'avait d'argent... tous m'ont fait des offres de services pour dans quelques jours. Dans quelques jours... Et c'est dans une heure, c'est à l'instant qu'il me faut ces trente mille roubles... Le signal de l'émeute doit être transmis par l'empereur au moment où commencera la fête qu'il donne à l'ambassadeur, et rien ne sera prêt. Si d'ici là je ne rencontre pas ce maudit ivrogne, je puis dire adieu à tous mes rêves d'ambition... Je connais Pierre... il est implacable et ne pardonne jamais une faute.

AMÉLIE, *qui a reparu pendant les dernières lignes.* Décidément ce cher tuteur n'est pas content de la journée d'hier, hum? hum?

BURKEIM. C'est vous, Amélie... Par quel hasard en ces lieux?

AMÉLIE. Ne suis-je pas dame d'honneur de l'impératrice, et, en cette qualité, ne dois-je pas veiller aux préparatifs de la fête que l'on donne à l'ambassadeur de Suède.

BURKEIM. Ah! c'est vrai... j'oubliais... C'est que je suis si préoccupé.

AMÉLIE. En effet, vous semblez inquiet, tourmenté ?

BURKEIM Ce n'est rien.. un peu de fatigue... j'ai mal dormi... demain il n'y paraîtra plus. (*A part.*) Oh! mon Dieu! plus du tout... ce sera fini.

AMÉLIE, *à part.* Ce pauvre comte! Il me fait pitié vraiment.

BURKEIM. En allant et venant dans l'intérieur du palais, vous n'auriez pas aperçu monsieur de Caylus?

AMÉLIE. Non, est-ce que vous auriez besoin de lui parler ?

BURKEIM. Je crois bien!

AMÉLIE. Ah!

BURKEIM. Cela vous étonne.

AMÉLIE. Sans doute. Que peuvent avoir à se dire deux ennemis irréconciliables comme vous.

BURKEIM. Nous, ennemis.. quelle erreur ? autrefois oui, mais aujourd'hui c'est bien différent, et la preuve c'est qu'hier il me fit l'honneur de me demander votre main, et que je le cherche pour lui rendre réponse à ce sujet.

AMÉLIE. Il se pourrait ! et que lui répondrez-vous?

BURKEIM. Mais que je refuse... n'est-ce pas votre intention?

AMÉLIE. Si vraiment!

BURKEIM, *à part.* Je savais bien qu'elle ne pouvait l'aimer. (*Haut.*) J'ai pour vous, Amélie, un autre hymen en vue.

AMÉLIE. Oh! mon Dieu! Est-ce qu'il va se déclarer? si je pouvais le renvoyer.

BURKEIM *à part.* A quoi diable vais-je penser... et que sert de lui faire connaître mes intentions, si demain je dois être...

AMÉLIE, *regardant à la fenêtre.* Vous demandiez tout-à-l'heure M. de Caylus?... le voici, je crois.

BURKEIM. Où donc ?

AMÉLIE. Là.., dans le parc... Oh ! vous ne le verrez plus, il vient de disparaître derrière le petit kiosque.

BURKEIM. Courons après lui. — Bientôt, Amélie, nous reprendrons cette conversation. (*Il sort en courant.*)

SCÈNE II.

AMÉLIE, *seule.*

J'étais bien sûre, en employant ce moyen, d'arrêter sur ses lèvres la déclaration prête à lui échapper. Pauvre tuteur! il court comme un fou dans le parc, afin de retrouver M. de Caylus, qui en ce moment est encore bien tranquillement endormi dans la petite maison de Ladislas, où cette nuit il a enfermé son amiral. Oh! mon Dieu! j'y songe, Ladislas, par mesure de précaution, afin d'éviter les indiscrétions de ses domestiques, les a tous éloignés sous un prétexte quelconque, Si M. de Caylus, revenu de son sommeil léthargique, parvenait à s'évader... s'il rencontrait mon tuteur, ils s'expliqueraient, et tout serait perdu. Ce plan, conçu avec tant d'audace et de bonheur jusqu'ici, deviendrait une tentative ridicule et compromettante. Comment réparer cette faute... Il faudrait que l'empereur consentît à changer le signal du combat,.. mais par quel moyen lui inspirer cette résolution... confions tout à l'impératrice... oh! non... sa bonté pour moi s'arrêterait devant l'importance d'une affaire d'état. Il vaut mieux faire parvenir à l'empereur un avis secret, venu soi-disant de M. de Caylus, ou de son secrétaire Ladislas. Oui, c'est cela... Allons, allons, M. de Burkeim, décidément je ne serais point votre femme, et il faudra bien, malgré votre désir de

vous approprier ma fortune, que vous signiez cet acte qui doit m'unir à un autre, à un autre qui m'aime, non pour ma richesse, mais pour moi seule. Cher Ladislas.. il tarde bien à venir.. serait-il survenu quelque obstacle ?

       AIR : *de Satan.*

Loin de lui, tremblante, incertaine
Le doute, hélas! vient m'assaillir.
Je crains de ne pas réussir,
Que notre prudence soit vaine.
Vous qui lisez au fond du cœur,
Vous savez qu'elle est mon excu se
Ah ! sauvez-moi de mon tuteur :
Il est permis d'agir de ruse
Dans l'intérêt de son bonheur.
Dieu ! daignez protéger ma ruse !
Car il s'agit de mon bonheur.

SCÈNE III.

AMÉLIE, LADISLAS.

LADISLAS, *entré sur la fin du couplet.* Ah!

AMÉLIE, Ah! c'est vous enfin!.. Eh! bien quelles nouvelles?

LADISLAS. Excellentes... je n'ai pas eu de peine à décider les marins suédois... votre tuteur les avait enrôlés... Au moment où il sortait de la taverne d'Ivanhoff, je m'y présentai en son nom, et je payai tout le monde, en recommandant d'être exact au rendez-vous convenu. Vienne maintenant le signal de l'empereur, et la flotte suédoise est à nous.

AMÉLIE. Peut-être l'empereur, au lieu de ce signal, vous enverra-t-il un ordre de vive voix, ou un message de sa main.

LADISLAS. Qui vous l'a dit ?..

AMÉLIE, Personne... c'est moi qui désirerais que ce fût ainsi, et pour arriver à ce résultat, vous allez mettre votre signature au bas de ce papier que je remplirai suivant les circonstances.

LADISLAS. Volontiers. (*Il signe.*) Mais quel est votre but?

AMÉLIE. De dérouter nos deux adversaires dans le cas où ils s'uniraient pour parer le coup qui les menace.

LADISLAS. Comment le pourraient-ils ? M. de Burkeim n'a pas d'argent, et M. de Caylus ne se réveiller sans doute pas avant que tout soit terminé.

AMÉLIE. N'importe, si vous ne recevez aucun avis avant deux heures, c'est que le signal sera resté le même... vous vous le rappelez bien?

LADISLAS. Sans doute.. d'ailleurs n'ai-je pas sur moi la fameuse lettre de l'empereur?

AMÉLIE. Vous allez me la confier, afin que je l'échange contre deux signatures au bas de notre acte de mariage.

AMÉLIE, *continuant.* Ah! puissions-nous réussir!

LADISLAS. En douteriez-vous, maintenant?

AMÉLIE. Qui sait ce que l'avenir nous réserve? vous êtes si imprudent. Au moment de l'attaque s'il allait vous arriver malheur ! Ah! par grâce, Ladislas, soyez prudent... et envoyez quelqu'un me prévenir dès que tout sera fait, car je ne serai vraiment tranquille que lorsque je vous saurai sain et sauf.

LADISLAS. Comme il faudrait trop de temps au gré de mon impatience pour venir du lieu du combat au palais, si vous parvenez à faire changer le signal de l'empereur, c'est moi qui ferai tirer un coup de canon sur mon navire, dès que tout sera fini, pour vous annoncer plus tôt l'heureuse issue

  * Amélie, Ladislas.

  ** Ladislas, Amélie.

de l'entreprise. Ah! j'oubliais ce papier magique qui doit assurer notre bonheur. Si M. de Caylus savait que c'est nous qui l'en avons dépouillé, ainsi que de son argent, quelle serait sa fureur! Adieu, chère Amélie, si quelqu'embarras nouveau venait vous assiéger, adressez-vous à mon oncle; vous connaissez son excellent cœur et la tendresse qu'il nous porte.

AMÉLIE. Mon ami, songez à ma recommandation, n'exposez pas follement vos jours... Songez que ma vie est attachée à la vôtre.

ENSEMBLE.

Air : *des Sept Châteaux.*

AMÉLIE.

Cette pensée amère
Tout bas me désespère ;
Exaucez ma prière,
Sachez être prudent.

LADISLAS.

En l'avenir j'espère,
Point de pensée amère ;
Grâce à votre prière
Je serai triomphant.

LADISLAS.

Rassurez-vous, chère Amélie,
Le ciel et mon amour aidant,
Vous me verrez, ma douce amie,
Revenir triomphant.

LADISLAS, à *la fenêtre.* Oh! mon Dieu! mais oui... Je ne me trompe pas... c'est bien, M. de Caylus qui s'avance dans le parc d'un air pensif... il se dirige de ce côté...

AMÉLIE. Que vous disais-je?

LADISLAS. Comment diable a-t-il fait pour se réveiller et pour s'échapper?

AMÉLIE. Séparons-nous. Allez attendre les ordres de l'empereur... Moi, je vais m'occuper de faire changer le signal et vous le savez, ce que femme veut doit s'accomplir.

(*Reprise de l'ensemble. — Ils sortent.*)

SCENE IV.

CAYLUS, *seul.*

Qui diable pourrait m'apprendre comment il se fait qu'après m'être endormi dans la taverne de l'Ours blanc, je me sois réveillé ce matin à l'autre extrémité de la ville, dans une petite maison inhabitée, où j'étais bel et bien emprisonné, s'il vous plaît?... Heureusement, on construit très-mal à Saint-Pétersbourg, et un coup du pommeau de mon épée appliqué d'une main ferme, a fait voler en éclats non-seulement une serrure, mais encore la porte à laquelle elle était attachée... Puis je suis descendu dans un jardin que j'ai trouvé désert comme la maison... J'en ai escaladé les murailles et me voilà. Ai-je besoin de chercher l'auteur de cette substitution de domicile. Qui serait-ce, sinon cet infâme Burkeim? Quel autre avait intérêt à m'enlever de cette taverne afin de me dépouiller plus sûrement, car il m'a tout pris, le voleur? après ça...

AIR : *Haine aux Femmes.*

Ayant gagné d'une façon légère
L'or dont il m'a dépossédé,
Ai-je le droit d'être sévère
Sur le choix de ce procédé?
Oui, je puis lui faire un reproche ;
Car en profond logicien
Tandis qu'il fouillait dans ma poche,
Non content de prendre son bien
Le drôle a pris aussi le mien.

Passe encore pour l'argent... Entre gens qui se connaissent, c'était de bonne guerre. Mais la dépêche de Pierre! voilà qui n'est pas délicat, car, sans ce document précieux, je ne puis rien. Je ne sais pas le moment désigné par Sa Majesté, et je n'ai pas envie d'aller le lui demander. Je n'ai plus qu'un espoir... c'est de retrouver Burkeim et de ravoir ma lettre de gré ou de force; mais où le prendre? Si jamais on me rattrape à boire du constance, je veux bien être pendu... C'est-à-dire, non, je ne voudrais pas l'être...

SCENE V.

CAYLUS, BURKEIM.

BURKEIM. J'ai parcouru tous les coins et recoins du palais, impossible de le découvrir; mais par exemple j'ai aperçu l'empereur qui se rendait à la fête.

CAYLUS. Après tout, on n'est pendu qu'une fois. (*Il se retourne.*) Ah! c'est lui, le traître.

BURKEIM. Enfin, c'est lui, le misérable! (*Après un silence.*) Qu'êtes-vous donc devenu depuis hier, chevalier?

CAYLUS. Et vous-même, cher comte?

BURKEIM. Moi! pardieu! c'est bien simple... j'ai passé mon temps, moitié à vous chercher...

CAYLUS, *à part.* C'est ça... il me raille, le scélérat. (*Haut.*) Ah ! vous m'avez cherché...

BURKEIM. Certainement... lorsque je revins dans la salle où nous étions ensemble, vous étiez parti...

CAYLUS. Ah! j'étais parti, tiens... tiens! (*A part.*) Quand il ne me restera plus aucun espoir, comme je te ferai payer cher toutes tes impertinences.

BURKEIM. Je voulais vous prier de me prêter pour quelques heures, les vingt mille roubles que vous m'avez gagnés hier soir avec tant de facilité.

CAYLUS, *à part.* Voilà un impudent coquin ! (*Haut.*) Et moi, je voulais vous demander de me rendre le paquet cacheté contenant les dernières instructions de l'empereur, que par mégarde sans doute vous aurez ramassé hier avec vos autres papiers.

BURKEIM. Vous êtes dans l'erreur... je n'ai pris aucun papier. Mais cet argent... pouvez-vous me le prêter?

CAYLUS. Je ne l'ai plus... Un de mes amis m'en a débarassé cette nuit, mais en revanche, je puis vous annoncer que j'ai fait quelques réflexions salutaires au sujet de votre pupille.

BURKEIM. Vraiment, chevalier... Eh bien! et moi aussi.

CAYLUS. Décidément j'avais tort... cet hymen ne peut me convenir... Je ne suis ni d'âge ni d'humeur à pouvoir prendre sans danger une femme aussi jeune et aussi jolie.

BURKEIM. Pourquoi donc? N'êtes-vous pas jeune encore?

CAYLUS. Heu ! heu !

BURKEIM. Comment, heu! heu!... mais on est fort jeune à trente-cinq ans.

CAYLUS. Trente-huit, s'il vous plaît.

BURKEIM. Mais non, trente-cinq.

CAYLUS. Trente-cinq, si vous y tenez, mais je suis convaincu que par le fait j'en ai trente-huit...

BURKEIM. J'admets que vous ayez trente-huit ans, qu'importe! moi qui en ai quarante-deux et qui suis beaucoup moins bien conservé que vous, je songeais encore hier à contracter cette union; heureusement, j'ai réfléchi.

Burkeim, Caylus.

CAYLUS Mon Dieu ! vous avez raison, au physique, nous nous valons.

BURKEIM. Oh non, vous êtes bien mieux que moi.

CAYLUS. Je vous assure que nous nous valons. Mais au moral, quelle différence! Je crois, Dieu me damne! que je possède tous les défauts qui ont été engendrés par le péché originel.

BURKEIM. Moins un.

CAYLUS. Je voudrais bien savoir lequel.

BURKEIM. Le plus terrible de tous! Oh! mon ami, si vous avez des enfants un jour, dites-leur bien de ne jamais jouer! C'est un horrible vice.

CAYLUS. Et puis ma position me défend de contracter aucune alliance. Un marin, toujours en voyage, qui, d'un instant à l'autre, peut revenir avec un bras de moins, ou avec une jambe diminuée... Quel charmant mari pour une jeune fille habituée à ne voir autour d'elle que des visages gais et souriants. Pauvre enfant! notre intérieur serait un enfer et je me reproche comme un crime d'avoir seulement conçu la pensée de m'unir à elle. Tandis que vous, cher comte, qui, par votre place sédentaire, vos relations continuelles avec la cour, serez toujours à même de procurer à votre jeune femme les bals brillants, les soirées intimes où l'on s'amuse; tous ces plaisirs enfin qui sont nécessaires à une jeune fille, autant que la rosée aux fleurs, vous êtes celui qui peut et doit rendre la charmante Amélie la femme la plus enviée du monde. Aussi, c'est entendu, je me désiste en votre faveur de toute prétention. Je n'ai plus qu'une seule prière à vous adresser... c'est de la rendre heureuse, et tous mes vœux seront comblés. (A part.) Si après ça tu ne me rends pas mon message, je te déclare plus cosaque que tous les cosaques de l'empire.

BURKEIM, à part. Ah çà, est-ce que je rêve ou si je deviens fou... Je lui suis donc indispensable... (Haut.) Mon ami, votre générosité me pénètre d'admiration... mais je ne dois pas accepter, et c'est moi, au contraire, qui, faisant violence à mon amour, vous cède tous mes droits sur Amélie, dans l'intérêt de son bonheur.

CAYLUS. Non, je ne le souffrirai pas.

BURKEIM. Si fait, vous serez son mari... je le veux.

CAYLUS Non, vous dis-je!

Air: *de Morel-Page et moi.*

BURKEIM.
Tout refus devient inutile,
C'est entendu.

CAYLUS.
Vous épousez votre pupille,
C'est convenu.

BURKEIM.
Non, c'est moi qui me sacrifie
Soyez heureux.

CAYLUS.
Ce dévouement me stupéfie;
Cœur généreux,
En grandeur je saurai te vaincre;
Sois son époux,
Mes accents sauront te convaincre.

BURKEIM.
Ce sera vous.

CAYLUS.
Plutôt que de vous voir débattre
Ce nœud si doux,
J'aimerais mieux cent fois me battre.

BURKEIM.
Soit, battons-nous!

CAYLUS. Hein! nous battre sérieusement! (A part.) Ah! mais décidément ce cher comte a autant besoin de moi que moi de lui... (Haut.) Dites donc... une proposition : si avant de nous égorger, nous nous expliquions,... hein?

BURKEIM. Volontiers.

CAYLUS. Est-ce que vous êtes bien pénétré de la sincérité de tout ce que je viens de vous dire?

BURKEIM. Médiocrement!

CAYLUS. Et vous avez raison... Quant à moi, je vous déclare que je ne crois pas un mot de toutes les belles phrases que vous venez de me débiter.

BURKEIM. Peut-être n'avez-vous pas tort.

CAYLUS. Non! mais ce que j'ignore, c'est le but du jeu auquel nous venons de jouer... en ce qui a rapport à vous du moins .. Désirez-vous avoir le mot de cette charade?...

BURKEIM. Oui, certes, mais comment?

CAYLUS. En mettant cartes sur table. Eh! mon Dieu! un peu de franchise. une fois par hasard, ça ne tire pas à conséquence.

BURKEIM. Mais qui nous répondra mutuellement de la sincérité de l'autre?

CAYLUS. Notre intérêt. . Je l'ai deviné, j'en suis sûr, nous sommes en péril tous deux; la vérité pleine et entière peut seule nous sauver. Je commence : ce matin, je me suis réveillé dans une petite maison inhabitée, entièrement dépouillé de mon or et des instructions secrètes de l'empereur... C'est toi qui as profité du sommeil où tu m'avais plongé, pour accomplir cette infamie, comment se fait-il alors que tu sois inquiet, tremblant et aussi embarrassé que moi pour accomplir les ordres de l'empereur?

BURKEIM. Parce que rien de ce que tu dis là n'est exact. Je dois convenir que c'était mon intention; mais lorsque, après m'être affublé du costume convenu, je rentrai dans la salle où je croyais être sûr de te retrouver endormi, tu avais disparu ..

CAYLUS. Si ce que tu m'apprends est sincère, il y a donc un troisième larron... mais lequel?

BURKEIM. Je m'y perds.

CAYLUS. Ah! ma foi, et moi aussi...

BURKEIM. Attens'! une seule personne était en tiers dans la confidence de ce secret.

CAYLUS. Sans doute, le grand maréchal.

BURKEIM. Voilà notre troisième larron... C'est lui qui nous a joués ainsi.

CAYLUS. Allons donc! pourquoi? dans quel but?

BURKEIM. Dans un but d'ambition, afin de se défaire de deux hommes puissants et de se tailler un habit de ministre dans leurs dépouilles. A-t-on besoin d'un autre mobile pour commettre une infamie?

CAYLUS. Oh! j'ai peine à croire que le baron...

BURKEIM. C'est lui, te dis-je, et si tu veux t'en convaincre, tiens, il vient à nous! Regarde ce sourire triomphant qui se dessine sur ses lèvres.

CAYLUS. Eh bien, ça m'afflige... j'aimais à me persuader que celui-là du moins n'était pas un coquin!

SCENE VI.
LES MÊMES, TCHERIKOFF*.

TCHÉRIKOFF. Tous les renseignements sont bons... l'empereur va être ravi... Allons vite lui apprendre... Comment! vous ici, messieurs, au moment où votre présence va être si nécessaire là-bas... et par quel hasard?...

* Burkeim, Thérikoff, Caylus.

CAYLUS. Nous avions choisi le palais comme lieu de rendez-vous, afin de nous concerter sur les dernières mesures à observer.

TCHÉRICOFF. Ah! fort bien !.. Moi, je viens d'avoir des renseignements et sais l'heureuse tournure que prend l'affaire.

CAYLUS. Ah! oui dà!

TCHÉRIKOFF.

Air : *des Frères de Lait.*

Souffrez, messieurs, que je vous félicite ;
Je suis instruit, le succès est certain,
Et vous allez selon votre mérite
Etre traités par notre souverain.
Tous vos désirs seront comblés demain ;
Fut-il jamais position plus belle,
Monter si haut, j'en reste confondu,
Sur ce bonheur il faut tirer l'échelle.

CAYLUS, *à part.*

Pour nous pendre.

TCHÉRIKOFF.

Ah! ça vous était bien dû,
Certes, messieurs, ça vous était bien dû.

BURKEIM. Il raille encore!

CAYLUS. Si c'est une plaisanterie, je la trouve de mauvais goût!

TCHÉRICOFF. Comment, une plaisanterie.. mais rien n'est plus sérieux, et si vous voulez me suivre chez l'empereur, auquel je vais rendre compte du résultat déjà obtenu, il vous annoncera lui-même l'insigne récompense qu'il compte vous offrir.

CAYLUS. Oh! c'est inutile... nous désirons ne voir l'empereur que plus tard. (*A part.*) Le plus tard possible.

TCHÉRIKOFF. A votre aise, messieurs; mais, quoi qu'il arrive, rappelez-vous que je suis bien pour quelque chose dans tout ceci.

BURKEIM. Ah! c'en est trop! et je ne sais qui me retient.

CAYLUS, *bas.* Chut! nous sommes sauvés... j'ai une idée.

TCHÉRICOFF. Rappelez-vous, messieurs, que le premier je vous ai annoncé votre élévation future.

BURKEIM Oh! j'en rage... et ce traître.

CAYLUS Décidément cet homme est profondément vicieux.

TCHÉRICOFF. Adieu, messieurs, je vais raconter vos exploits à Pierre qui, je crois, ne sera pas fâché d'en entendre le récit.

BURKEIM. Non, c'en est trop, et je ne puis souffrir.

CAYLUS, *bas.* Ah çà ! corbleu ! vous tairez-vous!

TCHÉRICOFF. Oh! vous avez beau y mettre de la modestie, je vous préviens que je dirai tout ce que je sais, et j'en sais déjà beaucoup. Dame! c'est votre faute !

ENSEMBLE.

Air :

CAYLUS.

Observez ma défense,
Silence,
Prudence ;
Car pour notre vengeance
Il faut sans hésiter
Ruser.

TCHÉRICOFF.

Oui, j'en ai l'assurance,
D'avance
Je pense
Que de leur récompense
On peut sans hésiter
Jurer.

Burkeim, Caylus, Tchérikoff.

BURKEIM.

Ah! de son impudence,
Je pense
Je pense
Bientôt tirer vengeance ;
Sachons pour l'assurer
Ruser.   (*Il sort.*)

SCÈNE VII.
CAYLUS, BURKEIM.

BURKEIM. Comment, vous le laissez aller?

CAYLUS. Sans doute.

BURKEIM. Que voulez-vous donc tenter?

CAYLUS. Notre dernière chance de salut... Vous savez quel est le signal de l'attaque, vous allez me le faire connaître.

BURKEIM. Mais permettez...

CAYLUS. Encore de la défiance !.. Vous me le ferez connaître, vous dis-je, car je vais de ce pas chez moi vous chercher les trente mille roubles dont vous avez besoin.

BURKEIM. Oh! alors?..

CAYLUS. Je vous disais bien que nous nous entendions... donnant, donnant.

BURKEIM. Mais pourrons-nous arriver à temps? le signal peut être donné d'un instant à l'autre.

CAYLUS. Eh! bien, alors, nous agirons d'autre manière. Qu'importe à l'empereur les moyens qu'on emploiera, pourvu qu'on réussisse.

BURKEIM. Oui, agissons toujours, nous verrons ensuite. Ah! si nous échappons à la colère de Pierre, comme je me vengerai de toutes les angoisses que vous me procurez depuis hier.

CAYLUS. Soyez tranquille, cher comte, je vous proteste que, de mon côté, ce n'est que partie remise. Mais venez, hâtons-nous, mon cher ami.

SCÈNE VIII.
LES MÊMES, AMÉLIE.

AMÉLIE. Comment, messieurs, la fête commence, et vous vous éloignez... ah! c'est fort mal.

BURKEIM. Oui, ma chère Amélie, une affaire nous appelle, et...

AMÉLIE. Ne saurait-elle se remettre... J'avais à vous entretenir tous deux d'une communication fort grave.

CAYLUS. Vraiment, madame... Oh! quel chagrin pour nous de ne pouvoir l'écouter en ce moment! Mais plus tard, ce soir, au bal, si vous daignez m'accepter pour cavalier, je serai entièrement à vos ordres.

BURKEIM. Hein ! .. plaît-il ?... ah ! mais, dites donc.

CAYLUS. Venez, comte, l'heure passe.

BURKEIM. Adieu, Amélie... ah ! si vous apperceviez monsieur de Tchérikoff, dites-lui, je vous prie, de ma part, que ses infâmes manœuvres me sont connues, et qu'il n'en est pas encore où il croit.

CAYLUS. Vous êtes fou, je pense, venez donc ?

BURKEIM. Ah! que voulez-vous?... J'avais cela sur le cœur, au revoir ma chère pupille.

CAYLUS, *l'entraînant.* Enfin! à bientôt, madame. (*Ils sortent très-vivement.*)

SCÈNE IX.
AMÉLIE, *seule.*

Oui, courez, courez, messieurs, vous n'irez pas bien loin, grâce à la précaution que j'ai prise (*On sonne trois heures.*) Trois heures... Dans quelques instants notre sort à tous va se décider. Allons, du courage, voici l'instant de la crise... Rien encore... seraient-ils parvenus à s'échapper. Oh! non, c'est impossible ! Il paraît qu'après s'être expliqués, leurs soupçons à tous deux se sont portés sur le baron. Pauvre homme il ne se doute guère qu'il vient de se créer deux terribles ennemis; mais je les désabuserai.. Ou plutôt... Oui... la crainte inspirée par le baron serait pour mes projets un puissant auxiliaire... Mais consentira-t-il à cette ruse?

TCHÉRIKOFF, *au dehors.* Oui, messieurs, jusqu'à nouvel ordre toutes les issues doivent être fermées, personne ne peut s'absenter du palais... Telle est la volonté de l'empereur.

AMÉLIE. J'ai réussi... je respire.

SCÈNE X.

AMÉLIE, TCHÉRICOFF.

TCHÉRIKOFF, *sans voir Amélie.* Mais qu'est-ce que tout cela signifie! Je quitte monsieur de Caylus ici, il n'y a qu'un instant, il ne me dit rien, ne m'explique rien... Je me rends chez l'empereur auquel je comptais donner des détails sur le complot. Mais au premier mot il me ferme la bouche en me disant qu'il est mieux instruit que moi... qu'il vient de recevoir du susdit monsieur de Caylus un billet par lequel il prie l'empereur de vouloir bien changer son signal et retenir de force l'ambassadeur de Suède, car, ajoute-t-il, ce dernier est instruit de tout maintenant et songe à déjouer notre plan... L'empereur me donne l'ordre de faire fermer les portes du palais et envoie un messager prévenir monsieur de Caylus qu'il peut commencer les hostilités dès qu'il le voudra. Jusque-là, rien que de fort simple et de fort naturel.

AMÉLIE, *à part.* Ainsi le combat est peut-être commencé... Mon Dieu! veillez sur Ladislas...

TCHÉRIKOFF. Mais ce que je ne puis m'expliquer, c'est que messieurs de Caylus et de Burkeim ne m'aient pas parlé de cet incident.

AMÉLIE, *à part.* Ils avaient de bonnes raisons pour cela. (*Haut et s'avançant.*) Monsieur le baron.....

TCHÉRIKOFF. Hein! qu'est ce?... Ah! c'est vous ma chère enfant!

AMÉLIE. Oui, monsieur le baron, c'est moi qui vous cherchais pour vous adresser une prière de laquelle dépend le bonheur de toute ma vie.

TCHÉRIKOFF. Votre bonheur... Oh! parlez, parlez vite!

AMÉLIE. Monsieur le baron, vous aimez votre neveu, n'est-ce pas?

TCHÉRIKOFF. De toute mon âme.. mais pourquoi?

AMÉLIE. Vous avez bien aussi quelque amitié pour moi?

TCHÉRIKOFF. J'ai reporté sur vous, ma chère enfant, toute l'amitié que j'avais pour votre père.

AMÉLIE. Eh! bien, au nom de cette affection, promettez-moi de faire ce que je vais vous dire.

TCHÉRIKOFF. Certes je vous le promets. De quoi s'agit-il?

AMÉLIE. De faire réussir le mariage de votre neveu avec.

TCHÉRIKOFF. Avec une charmante petite princesse de ma connaissance.

AMÉLIE. Quoi! vous saviez ..

TCHÉRIKOFF. Tout, et dès demain, je me rendrai chez messieurs de Burkeim et Caylus, de qui vous dépendez tous deux.

AMÉLIE. Ce serait tout perdre, car ni l'un ni l'autre ne donnera son consentement.

TCHÉRIKOFF. Vous croyez?

* Amélie, Tchéricoff.

AMÉLIE. J'en suis sûre, mais nous pouvons l'obtenir malgré eux... et cela dépend de vous.

TCHÉRIKOFF. De moi? Mais alors c'est entendu et quoi qu'il faille faire...

AMÉLIE. Il faut que... Ciel! Les voilà! Je ne puis rien vous expliquer, écoutez, et ne vous étonnez de rien... vous saurez tout plus tard.

TCHÉRIKOFF. Comment?... mais!

AMÉLIE. Oh! je vous en conjure... il y va de mon bonheur et de celui de Ladislas.

TCHÉRIKOFF. Allons, faites de moi ce que vous voudrez.

SCÈNE XI.

LES MÊMES, CAYLUS, BURKEIM, *entrant en même temps du côté opposé.*

CAYLUS *à Burkeim.* On n'a pas voulu vous laisser passer, n'est-ce pas?

BURKEIM *à Caylus.* Mon Dieu, non, vous non plus?

CAYLUS.* Non plus... J'ai assommé un valet qui était de planton... Mais... Ah! lui!...

TCHÉRICOFF, *bas à Amélie.* Cet ordre ne pouvait les concerner et je vais...

AMÉLIE, *le retenant.* Gardez-vous-en bien.

CAYLUS, *à Burkeim.* Il ose affronter nos regards.

BURKEIM. Oh! c'est par trop d'audace!

TCHÉRICOFF. Ah ça! à qui diable en ont-ils?

CAYLUS. Ah! c'est encore vous, baron... j'en suis bien aise.. Pardon, madame.

BURKEIM. Ma chère Amélie, seriez-vous assez bonne pour nous laisser un instant? nous avons une affaire grave à traiter avec monsieur le baron.

TCHÉRICOFF. Avec moi?

AMÉLIE, *bas.* N'ayez pas l'air d'en être étonné.

TCHÉRIKOFF, *bas.* Ah! (*Haut.*) Oui, oui, je sais ce que c'est. (*Bas.*) Je veux mourir si je m'en doute.

AMÉLIE. Vous pouvez parler devant moi, messieurs, car je sais tout, le baron m'a tout appris.

TCHÉRICOFF. Hein?

CAYLUS *et* BURKEIM. Il se pourrait!...

AMÉLIE, *bas.* Dites donc comme moi.

TCHÉRICOFF, *bas.* Ah! il faut... (*Haut.*) Oui, messieurs... oui... j'ai tout appris à la princesse.

CAYLUS. Vous avez osé dévoiler à madame...

TCHÉRICOFF Comment, j'ai dévoilé!...

AMÉLIE, *bas.* Ne répondez pas. (*Haut.*) Oui, messieurs, le maréchal m'a tout dit... Pouvait-il faire autrement, puisque c'est pour moi qu'il s'est décidé à vous trahir.

BURKEIM Il l'avoue donc enfin!... Ah! monsieur, tout votre sang payera cette infamie!

TCHÉRICOFF. Moi, j'ai trahi quelqu'un?... Ah! çà, morbleu!

CAYLUS. Pour vous, madame... et dans quel but?

AMÉLIE. Afin de m'unir à son neveu qui m'aime.

BURKEIM. Encore un rival!

CAYLUS. Mon petit lieutenant! Ah! le serpent... je m'en étais toujours douté.

AMÉLIE. En apprenant, je ne sais par qui, mais d'une manière certaine que tous deux vous sollicitiez ma main, comprenant alors que jamais vous ne donneriez votre consentement à un hymen avec un autre, le maréchal a voulu vous placer dans une position où il vous fût impossible de lui rien refuser.

CAYLUS. C'est assez adroit!

** Burkeim, Amélie, Tchéricoff, Caylus.

BURKEIM. Etre joué de la sorte!

TCHÉRICOFF. Ah! mais, à la fin!...

AMÉLIE. Et là, tout à l'heure, il m'expliquait son plan. Vous comprenez, me dit-il, si ils consentent à ce mariage, je vais me jeter aux genoux de Pierre, je prends la faute sur moi...

TCHÉRICOFF. Ah, ça! quelle faute?

AMÉLIE. Mais si au contraire, ils persistent dans leur dessein je raconte tout à l'empereur; il les condamne tous deux, et alors les obstacles qui s'opposaient à ce que Ladislas devînt mon époux, disparaissent d'eux-mêmes tout naturellement.

BURKEIM. C'est le comble de l'astuce!

TCHÉRICOFF. Oh! c'est trop fort et je ne puis. .

AMÉLIE, bas. Maréchal, par pitié, par grâce, encore dix minutes.

TCHÉRICOFF, à part. Quoi, vous voulez...(Haut.) Allons! ah! mon Dieu oui, messieurs; voilà comme je suis, moi.

CAYLUS. Ce sang-froid m'exaspère.

BURKEIM. Mais au moins, monsieur aurait dû nous dicter ses conditions quand nous pouvions encore nous sauver, au lieu d'attendre le moment ou cela devient impossible.

AMÉLIE. Le baron répond de tout. (A part.) Que ce signal est lent à venir!

TCHÉRICOFF. Ah! je réponds...

AMÉLIE. De tout.

CAYLUS. Mais en supposant que nous souscrivions à ce marché...

BURKEIM. Il le faut bien, maintenant nous n'avons plus d'autre ressource pour n'être pas...

CAYLUS. Quelle garantie nous donnerait-il?

TCHÉRICOFF. Mais ma parole!

BURKEIM. Allons donc, monsieur, est-ce que ça peut suffire.

TCHÉRICOFF. Oh! c'en est trop cette fois, et je veux...

AMÉLIE. Monsieur le Maréchal... (On entend un coup de canon.)

BURKEIM. C'est le signal!

AMÉLIE, bas. Tout est fini! oh! mon Dieu! je te remercie.

CAYLUS. Le signal! c'était le signal... Oh! baron, baron, levez cette consigne... Donnez un ordre, et j'oublie tout... Ouvrez, s'il vous reste quelque considération, quelque pitié pour l'honneur d'un gentilhomme. Vous voyez bien qu'il ne me reste plus qu'à aller me placer en face d'un mousquet suédois.

TCHÉRICOFF. Cette agitation..... je vais ordonner...

AMÉLIE. Pas avant qu'ils n'aient signés tous deux cet acte

TCHÉRICOFF. Quoi! vous voulez.

CAYLUS. Au nom du ciel, baron, cet ordre... chaque seconde qui s'écoule m'apporte une honte nouvelle.

BURKEIM. Faites ouvrir, monsieur, il le faut... (A part.) Je vais partir dans une heure pour la Hollande.

TCHÉRICOFF. Messieurs, vous serez libres dès que vous aurez signé ce papier.

CAYLUS. Ah! tout ce que vous voudrez, pourvu que je sorte d'ici.

BURKEIM, au baron, pendant que Caylus signe. Quel est donc ce papier.

TCHÉRICOFF. Est-ce que je le sais!...

BURKEIM. Comment! vous ne le savez pas.

CAYLUS. Tenez, baron.

TCHÉRICOFF. A vous, monsieur de Burkeim.

* Amélie, Tchéricoff, Burkeim, Caylus.

BURKEIM. Ah! ah! un acte de mariage entre votre neveu et ma pupille...

CAYLUS. Mais signez donc! vous voyez bien qu'il faut que j'aille me faire tuer la bas.

BURKEIM, à part. Et que je me mette en route. (Haut.) Voilà!

CAYLUS. Ah! enfin!

AMÉLIE, lui barrant le passage. Et maintenant, messieurs, vous pouvez rester, car tout est fini.

TOUS. Comment?

AMÉLIE. Le czar avait changé le signal, le coup de canon que vous venez d'entendre a été tiré de votre vaisseau, monsieur de Caylus, et annonce que le combat est achevé.

CAYLUS. Je suis perdu!

BURKEIM. Non, pendu! c'est vous qui vous trompez aujourd'hui.

AMÉLIE. Au contraire, vous êtes sauvés.

CAYLUS et BURKEIM. Que dites-vous?

AMÉLIE. Sans doute... car tout s'est fait en votre nom, Messieurs, et vous ne couriez aucun risque.

BURKEIM. Oh! si je l'avais su, je n'aurais rien signé.

AMÉLIE. Je m'en doutais... et c'est pourquoi je ne vous ai pas tiré d'inquiétude plus tôt.

CAYLUS. Saurons-nous enfin, ce que veut dire tout cela?

AMÉLIE. Cela veut dire, messieurs, que le seul coupable, le seul à qui vous ayez tous quelque chose à pardonner, c'est moi, moi qui ai commis tous les méfaits que tout à l'heure encore je faisais endosser au baron.

TCHÉRICOFF. Je comprends... j'étais un épouvantail... c'est flatteur.

AMÉLIE. Oh! pardon, mon ami, pardon. Quant à vous, messieurs, je suis certaine qu'en y réfléchissant vous me saurez gré de ma conduite.

Air de la Sentinelle.

Tous deux jaloux et d'un désir égal,
Pris en amour comme en diplomatie,
Chacun de vous voulait sur son rival
   Obtenir la suprématie;
Par un moyen adroit, ingénieux
   Mon bonheur fait aussi le vôtre,
En accordant tout pour le mieux
   Vous ne serez plus envieux;
   Je n'épouse ni l'un, ni l'autre;
     Ni l'un, ni l'autre.

BURKEIM. Pas moyen de se dédire, l'acte était en règle; mais comment avez-vous été instruite?

AMÉLIE. J'ai passé la soirée d'hier dans une chambre de la taverne d'Ivanhoff, chez ma sœur de lait, Christine, et si vous en voulez une preuve.

CAYLUS. La lettre de l'empereur... oui, c'est bien cela... mais alors, c'est donc vous qui m'avez enlevé...

AMÉLIE. Non pas, moi, ce sont mes gens.

CAYLUS. Cependant, madame, ce n'est pas vous qui avez dirigé l'expédition.

SCÈNE XI.

LES MÊMES, LADISLAS, entrant.

LADISLAS. Non, amiral, c'est moi...

CAYLUS. Ah! ah! c'est vous, monsieur.

LADISLAS. Moi-même qui viens vous annoncer qu'à cette heure toute la flotte suédoise est en notre pouvoir, grâce aux adroites négociations de monsieur de Burkeim et aux habiles manœuvres de monsieur de Caylus.

CAYLUS. Monsieur, cette raillerie...

LADISLAS. N'en est pas une, amiral, car mes

* Burkeim, Tchéricoff, Amélie, Ladislas, Caylus.

or lres ont été donnés en votre nom, une affaire grave vous retenait à terre soi-disant... je n'ai été pour tous vos marins que l'écho de votre volonté, et la preuve c'est qu'une fois le combat fini, le premier cri de ces braves gens a été comme toujours : Vive l'amiral de Caylus!

CAYLUS. Mais, le czar.

LADISLAS. Le czar, enchanté de la réussite de l'affaire vient de me charger de vous remettre ceci à tous deux. (*Il leur donne deux papiers.*)

CAYLUS. Mon brevet de grand-amiral.

BURKEIM. Ma nomination à la charge de trésorier.

AMÉLIE. Voilà comme on récompense.

CAYLUS. Allons vous verrez qu'il faudra que je vous remercie d'avoir pris ma place partout.

BURKEIM. C'était bien la peine d'endormir cet endiablé Gascon; le voilà grand amiral.

CAYLUS. *à part.* Et penser que je me suis servi de dés pipés pour aboutir à voir ce rustre grand trésorier... C'est à regretter de n'être pas pendu.

AMÉLIE. Eh, bien! messieurs, direz-vous encore que les femmes n'entendent rien aux affaires d'état.

CAYLUS. Les femmes sont capables de tout quand elle sont guidées par l'intérêt de leur cœur.

BURKEIM. Vienne une autre mission et je me rattraperai.

CAYLUS. Ah! il me reste un moyen... Je vais lui gagner tous les joyaux de la couronne.

CHOEUR FINAL.

Air : *de Lolotte.*

Pour notre cœur
Ah! pour leur cœurs que ce jour a de charmes.
Dans nos filets ils se sont
Dans leurs filets nous sommes pris tous deux.
Plus de tourments, plus de vaines alarmes,
Le ciel enfin nos
le ciel comble vœux.
Bien malgré moi leurs

AMÉLIE, *au public.*

Air : *d'Yelva.*

Voyez, Messieurs, leur embarras extrême,
Ils sont jaloux de votre assentiment,
Et chacun d'eux en ce moment suprême
Rêve pour l'autre un triste châtiment.
Malgré leurs torts, si tous deux ont su plaire
A vos bravos donnez un libre essor
Ne craignez rien; mais dans le contraire } bis.
Pour les punir, applaudissez encor.

(*On reprend l'ensemble.*)

FIN.

Paris. — Typographie de M⁰ᵉ Vᵉ Dondey-Dupré, rue Saint-Louis, 46, au Marais.